Pequeninos do jardim

Do lado de fora de sua porta, o mundo está repleto dos mais incríveis bichinhos.

Alguns **rastejam**, uns **voam**, outros **se contorcem** pelo caminho porque não têm duas pernas como o ser humano. Este livro apresenta a você alguns pequeninos visitantes do jardim.

NÚMERO DE PERNAS

0	Caracol e minhoca
6	Joaninha, abelha, marimbondo, borboleta, formiga, mosquito, grilo, gafanhoto, mosca, tesourinha, besouro e libélula
8	Aranha
14	Tatu-bolinha
16	Lagarta
Muitas pernas	Centopeia e piolho-de-cobra

Se não nos conhece, não nos toque. Podemos morder ou picar!

Detetive da natureza

Quando você caça bichinhos, precisa ser um **verdadeiro detetive**: descobrir onde eles gostam de se esconder e olhar atentamente para esses locais. Mas você também precisa ser **cuidadoso**, protegendo a si mesmo e os bichinhos.

Equipamento de caça-bichinhos:

- ✔ Lupa
- ✔ Pote com buracos na tampa e pedaços de papel-toalha para forrar o fundo.
- ✔ Pincel macio para empurrar os animais para dentro do pote.
- ✔ Sacos plásticos com fecho, apenas para os bichinhos mortos.

Você consegue achar esse amiguinho escondido nas páginas deste livro?

Regras importantes:
- Antes de iniciar, peça a ajuda de um adulto para explorar o ambiente dos bichinhos com você.
- **Não toque** em nenhum animal, a menos que saiba que ele é inofensivo.
- Se pegar um bichinho vivo para estudá-lo, **liberte-o** quando terminar.
- Se possível, **levante** pedras e galhos com uma vara, porque os animais que ficam escondidos podem morder ou picar.

Onde procurar:
Em folhas e arbustos no chão, debaixo de árvores, na grama ou terra, em flores, debaixo de pedras e perto de lagos.

Joaninha

As joaninhas vivem em praticamente todos os lugares do planeta.

Mas elas não são iguais. Existem mais de **5.000 tipos diferentes** de joaninhas e elas têm muitas cores e padrões diferentes – algumas até têm listras em vez de bolinhas.

Suas cores brilhantes alertam os predadores de que não são apetitosas, mas, se isso não for o suficiente para espantar os inimigos, as joaninhas podem **fingir-se de mortas** e soltar um líquido **amargo e venenoso** das patas.

Você sabia que...

...os agricultores amam joaninhas porque elas comem os pulgões?

Aranha

Muitas pessoas não gostam de aranhas, mas isso não é justo porque elas nos ajudam quando se alimentam de moscas, formigas, mosquitos e outros insetos que costumam aparecer em nossas casas.

A maioria das aranhas produz teias grudentas para pegar insetos, mas nem todas. Algumas delas caçam suas presas. A **teia de aranha** é feita de fios de seda muito finos que ela tece com as pernas.

O bom é que não usam óculos de sol.

Trabalhei bastante hoje!

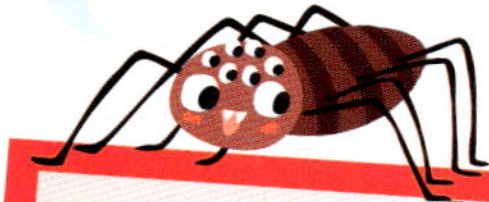

Você sabia que...

...as aranhas levam cerca de uma hora para tecer uma teia e que costumam fazer uma nova todos os dias?

Virando borboleta

A transformação de uma lagarta em borboleta é um dos projetos mais incríveis e inteligentes da natureza.

Tudo começa com uma borboleta **colocando ovos** numa planta. Afinal, ela sabe que suas lagartinhas bebês vão gostar de comer. Dessa maneira, a comida estará à disposição desde o começo.

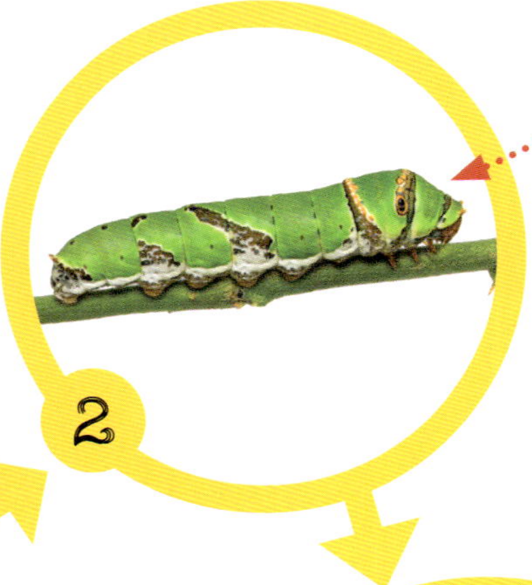

Uma **lagartinha** nasce de cada ovo. Seu trabalho é comer muitas e muitas folhas para se desenvolver.

Quando a lagarta atinge o tamanho ideal, ela forma uma **pupa**. Nesse estágio, a lagarta se transforma completamente...

Você sabia que...

...as lagartas precisam trocar de pele diversas vezes à medida que vão crescendo?

...e, finalmente, nasce a **borboleta**.

Quando suas asas ficam mais fortes, ela está pronta para voar e encantar o mundo com suas **lindas cores**.

Atenção!
Se quiser segurar uma borboleta, **deixe-a vir** até você. Nunca a segure pelas asas, pois pode **machucar** suas escamas, e ela não poderá mais voar. Sempre deixe a borboleta livre para que ela possa voar quando quiser.

Apicultor
e seu neto.

Abelha e marimbondo

As flores atraem insetos por meio de suas lindas cores, perfume agradável e néctar doce e gostoso.

Um desses insetos atraído por elas é a abelha, que, em troca do néctar, espalha o pólen de uma flor a outra, ajudando as plantas a se multiplicarem.

Abelha coberta de pólen.

Uma abelha mora numa colmeia com milhares de sua espécie. Quando ela avista flores cheias de néctar, avisa às companheiras fazendo uma espécie de dancinha. Então, elas coletam o néctar e voltam para a colmeia, onde transformam o néctar em mel.

Você sabia que...

...sem esses gentis polinizadores, não haveria maçãs, pêssegos, damascos, ameixas, limões, cerejas, bananas, melões, mangas, morangos, amoras, framboesas, abacates, café, chá, baunilha, tomates, pepinos, **chocolate**! E muito mais? Então, trate bem deles.

Casa de marimbondo.

Enquanto as abelhas são elogiadas pelo ser humano, geralmente falamos mal dos **marimbondos**, como se eles apenas dessem ferroadas. Mas, na verdade, marimbondos são muito importantes e fazem mais bem do que mal. Além de espalharem **pólen**, como as abelhas, eles também caçam outros insetos e, assim, **ajudam a proteger jardins** e **plantações** contra insetos considerados pragas.

Você sabia que...

...a saliva do mosquito é a causadora da irritação e coceira em nossa pele?

Mosquito

Você já se perguntou como os mosquitos fazem aquele *buzz* característico?

Você usa a boca quando tenta imitar o som do mosquito, mas, na verdade, o mosquito faz o som batendo suas duas asas numa **velocidade super-rápida** de, aproximadamente, 600 vezes por segundo!

Em muitos países, os mosquitos são apenas irritantes quando picam e deixam uma marquinha vermelha que coça. Já em alguns países tropicais, como o Brasil, uma picada de mosquito pode ser perigosa, porque alguns tipos de mosquito podem transmitir **doenças** de uma pessoa para outra. Por isso, você deve dormir com uma tela chamada mosquiteiro, usar repelente e redobrar os cuidados ao sair à noite, quando esses bichinhos estão mais ativos.

Só o mosquito fêmea suga sangue. O macho se alimenta do néctar das flores.

Besouro

Existem mais de 300.000 tipos diferentes de besouro e, com frequência, novas espécies são descobertas.

Besouros-elefantes brigando

Os besouros vivem em qualquer lugar – desde os desertos quentes até as calotas polares – e podem ter cores e formatos diferentes.

Você sabia que...

...os besouros têm um olfato apurado e usam suas duas antenas como sensores para ajudá-los a encontrar comida, parceiro e locais para colocar os ovos, além de detectar predadores?

Os besouros têm **dois pares de asas**: as anteriores, endurecidas, que se encaixam sobre as posteriores, mais finas, usadas para voar. Eles vivem na terra e na água e comem todo tipo de comida.

Neste livro, você já leu sobre um besouro específico. Consegue saber qual?
...é a **joaninha**.

As libélulas são seres **voadores experientes**. Podem voar super-rápido para cima, para baixo, manter-se paradas no ar como um helicóptero e até mesmo **voar para trás**.
Legal, né? E para ser ainda mais legal, seus dois enormes olhos permitem a elas que possam ver quase todo o entorno sem mexer a cabeça. Imagine se você pudesse fazer o mesmo!

O melhor lugar para achar libélulas é perto de **lagos**, **rios** e **lagoas**.

Libélula

As libélulas são insetos coloridos e de olhos grandes, com corpo alongado, dois pares de asas transparentes e um grande apetite por outros insetos, como mosquitos e moscas.

Você sabia que...

...se uma libélula pousar na sua cabeça, isso é considerado sinal de boa sorte?

Elas nascem **debaixo d'água**, onde vivem até dois anos antes de subirem para a **superfície** e se transformarem em libélulas adultas.

Olha! É uma ninfa libélula!

Os tatus-bolinhas têm um conjunto de placas externas que protegem seu interior macio. Quando sentem-se ameaçados, eles **curvam** seus corpos e viram uma pequena bolinha dura.

Tatu-bolinha

Os tatus-bolinhas são ativos durante a noite.

Os tatus-bolinhas comem plantas podres, fungos e até suas próprias fezes (eca!), mas **não fazem xixi**! Então, eles produzem um cheiro forte chamado **amônia**. Esse gás passa por meio de suas placas.

Eles gostam de lugares **escuros** e **úmidos**, então normalmente são encontrados debaixo de várias folhas ou galhos podres, vasos e pedras – uma pilha de compostagem é o paraíso deles!

Formiga

As formigas são incríveis trabalhadoras que percorrem longas distâncias em busca de alimento.

Elas vivem em enormes **colônias**, que normalmente são **subterrâneas**. A maioria das formigas é fêmea e governada por uma rainha.

Cada formiga tem um **cheiro**, que adquire em seu ninho. Quando encontra outra formiga com o mesmo cheiro, sabe que é uma amiga. Elas usam suas antenas para sentir o cheiro. As formigas também soltam seu odor quando andam, assim sempre encontram o caminho de volta.

Formiga-rainha.

Cumprimento de formigas.

As formigas são muito boas para trabalhar em equipe.

Você sabia que...

...a formiga saúva é um dos animais mais fortes do mundo, considerando o seu tamanho? Proporcionalmente ela é mais forte até que um leão ou um elefante! Uma saúva pode carregar cargas até 50 vezes o seu próprio peso corporal. Se você pudesse fazer o mesmo, carregaria facilmente um carro!

Minhoca

As minhocas são animais muito úteis e importantes para todos os jardineiros e agricultores.

Sem olhos, ouvidos, braços e pernas, elas passam quase toda a vida no **subsolo** escavando a terra. À medida que se movem formando túneis, elas aumentam a quantidade de ar e água que entra no solo. Assim, elas criam boas condições de desenvolvimento para as plantas.

A minhoca tem boca e uma parte por onde sai o cocô. A boca fica na parte mais fina e pontuda do corpo. Ela se movimenta contraindo e relaxando o corpo.

Você sabia que...

...as minhocas não têm pulmões? Elas respiram através da pele.

Você sabia que...

...que a minhoca é macho e fêmea ao mesmo tempo?

As minhocas comem plantas e animais mortos, deixando o solo fértil. Quando elas fazem cocô, ele se torna um ótimo esterco. Isso ajuda a terra a ficar renovada e cheia de nutrientes para as plantas.

Uma mosca se desenvolve de ovo à fase adulta de 7 a 10 dias. Imagine se você crescesse tão rápido!

Você sabia que...

...as moscas podem transmitir doenças, então é preciso cobrir sua comida e nunca deixar que pousem nela?

Mosca

Embora esse pequeno inseto possa parecer apenas uma mosca para você, existem milhares de espécies diferentes.

O que todas têm em comum, porém, são um par de asas e pequenas estruturas na forma de bastões que ajudam no voo.

As moscas não têm dentes! A mosca doméstica tem um tipo de esponja na ponta da língua, usada para absorver o alimento.

Algumas moscas sugam **néctar** de flores, mas quando comem **sólidos** é meio nojento. Primeiro, elas jogam sucos digestivos sobre a comida. Depois, o suco faz a comida ficar líquida para que elas possam beber. E as moscas não são exigentes. Elas comem de tudo, desde frutas, vegetais e carne, até resto de alimentos encontrado no lixo, carcaças podres e cocô. Eca!

Os piolhos-de-cobra são inofensivos para o ser humano e muito importantes para o ecossistema!

Centopeia e piolho-de-cobra

Embora a maioria das pessoas não saiba distinguir centopeias de piolhos-de-cobra, existe um truque simples para isso – e você nem precisa contar as pernas.

As centopeias têm um par de pernas em cada segmento do corpo, e piolhos-de-cobra têm dois pares.

E existem mais diferenças: centopeias têm o corpo mais achatado e são caçadoras rápidas, que atacam as presas com suas garras venenosas. Elas têm entre 30 e 354 pernas, que ficam ao longo do corpo e fazem movimentos rápidos para fugir de predadores. Já os piolhos-de-cobra, embora tenham até 750 pernas, são muito mais lentos. Eles comem matéria orgânica morta de animais e plantas. Para se defender de predadores, se enrolam em formato de espirais.

Você sabia que...

...as centopeias e os piolhos-de-cobra podem sacrificar algumas pernas se estiverem sendo atacados para escapar? O predador pode até ter comido uns bons pares de pernas, mas outras podem crescer na centopeia ou no piolho-de-cobra.

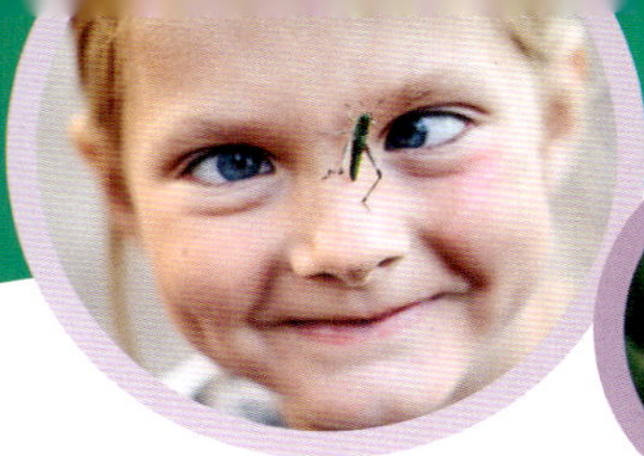

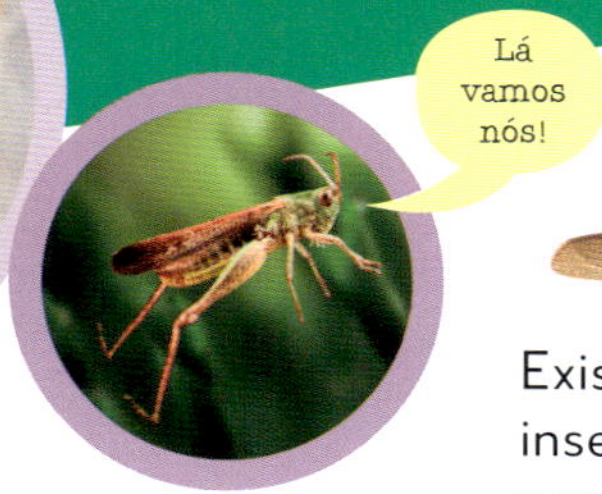

Grilo e gafanhoto

Pula, pula, pula! Já tentou pegar um grilo?

Não é fácil porque eles podem pular bem longe usando suas fortes **pernas traseiras** como catapultas. Se você pulasse tão longe quanto um grilo, conseguiria pular de uma ponta a outra de um campo de futebol!

Os grilos têm duas antenas longas, seis pernas, dois pares de asas e duas pinças para rasgar o alimento, como grama, folhas e cereais.

Existem muitos tipos diferentes desses insetos, e eles normalmente têm uma cor que funciona como **camuflagem** em seu hábitat. Por exemplo, os verdes, nos campos gramados; e os caramelos, nas regiões desérticas.

Os **gafanhotos**, normalmente, formam enormes enxames que podem comer uma plantação inteira numa noite, por isso não são bem-vindos pelos agricultores.

Tesourinha

As tesourinhas vivem em todos os lugares do planeta – exceto na Antártida.

Elas vivem em grandes grupos e moram em lugares escuros e úmidos que fornecem abrigo e alimento, como no interior de árvores e debaixo de rochas e folhas. As tesourinhas gostam de comer flores, frutas, mofo, folhas e insetos. Elas consomem tanto plantas frescas quanto mortas.

É fácil de reconhecer uma tesourinha por causa do **par de pinças** presente na parte traseira do corpo, que são usados para capturar presas e se defender. Elas têm um corpo longo e achatado, três pares de pernas e duas antenas. Embora a maior parte das espécies de tesourinha tenha asas escondidas, raramente são vistas voando.

Você sabia que...

...diferente da maioria dos insetos, a tesourinha fêmea fica por perto para proteger seus ovos e filhotes?

Você sabia que...

...um caracol sem uma concha é chamado de lesma?

Caracol

Existem três grupos de caracóis – de terra, de água-doce e de mar.

Alguns têm pulmões como o ser humano, outros têm brânquias, como os peixes. Aqui, vamos conhecer apenas sobre os **caracóis terrestres**.

A língua do caracol tem milhares de microdentes. Assim, ela funciona como lixa e tritura a comida. A maioria dos caracóis come folhas, caules e flores, por isso nem sempre são bem-vindos pelos jardineiros e agricultores.
Mas, na verdade, preferem comer folhas mortas, e isso ajuda a limpar os detritos do jardim. Então caracóis têm um papel importante no **ecossistema**.

Esse bichinho é um dos animais mais lentos do planeta. Um caracol comum de jardim alcança a velocidade máxima de 45 metros por hora! Zzzzz!

Você sabia que...

...os bichos-lixeiros dobram suas asas como uma tenda acima do corpo?

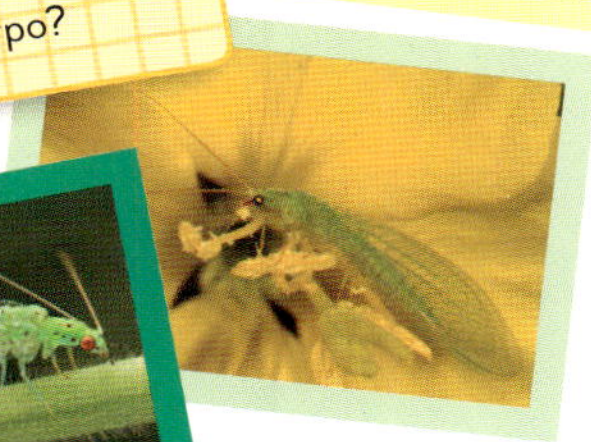

Bicho-lixeiro

O pequeno bicho-lixeiro é inofensivo para o ser humano, mas, quando se trata de insetos, a situação é bem diferente.

Eles são ótimos para eliminar insetos nocivos de jardins e campos. Um único bichinho desse pode comer até 200 pulgões por semana! Os bichos-lixeiros também comem néctar e pólen e ajudam a **polinizar** plantas. Não é de se estranhar que agricultores e jardineiros gostem tanto desse inseto.

Eles têm olhos dourados, longas antenas, corpo verde macio e dois pares de delicadas **asas transparentes**, com um lindo padrão de veias verdes, que parece uma teia.

Amigos dos bichinhos de jardim

Então, você aprendeu muito sobre alguns dos incríveis e estranhos bichinhos que habitam nosso planeta.

Desde a menor formiga até a maior borboleta, todos têm um objetivo no delicado ecossistema da Terra. Alguns ajudam plantas a crescer e se espalhar, outros ajudam a decompor e descartar plantas e animais mortos, alguns ajudam agricultores, comendo insetos considerados pragas, e outros são a única fonte de alimento de anfíbios, répteis, pássaros e mamíferos.

Embora esses bichinhos sejam tão importantes, eles estão enfrentando um momento difícil: a mudança climática, a perda de hábitat e o uso de pesticidas.

Então, o que você pode fazer para ser um amigo dos bichinhos de jardim?

Compre ou faça um **hotel de bichinhos.** Este é um pequeno abrigo para eles.

Peça aos seus pais para **dizerem não aos pesticidas** e comprarem alimentos e produtos orgânicos.

Plante flores silvestres – não é preciso ser num jardim. As cestas e os vasos dispostos numa varanda também servem.

Se você tem um jardim, peça aos seus pais para:

- Deixar a **grama** crescer mais.
- Deixar uma pequena **área livre para esses bichinhos**.
- Criar uma pilha de **compostagem**.
- Ter uma **pilha de pedras**.
- Colocar uma **banheira para pássaros**.

Cuide bem da natureza – não destrua as casas desses bichinhos e não os mate.

Dados Internacionais de Catalogação na Publicação (CIP)
(Câmara Brasileira do Livro, SP, Brasil)

Bichinhos de jardim / [Globe Publishing]; tradução Sandra Pina. – São Paulo: Editora Melhoramentos, 2024.- (O que tem na caixinha?)

Título original: *Learning box: my creepy crawly friends*

ISBN 978-65-5539-538-9

1. Insetos - Literatura infantojuvenil 2. Livro interativo I. Série.

23-160112 CDD-028.5

Índices para catálogo sistemático:
1. Literatura infantil 028.5
2. Literatura infantojuvenil 028.5
Eliane de Freitas Leite - Bibliotecária - CRB 8/8415

Título original em inglês: *Learning Box - My Creepy Crawly Friend*

Tradução: Sandra Pina
Preparação de texto: Maria Isabel Ferrazoli
Revisão: Lauro Tozetto
Diagramação: Amarelinha Design Gráfico

1ª edição, janeiro de 2024
ISBN: 978-65-5539-538-9

Atendimento ao consumidor:
Caixa Postal 169 – CEP 01031-970
São Paulo – SP – Brasil
Tel.: (11) 3874-0880
www.editoramelhoramentos.com.br
sac@melhoramentos.com.br

Siga a Editora Melhoramentos nas redes sociais:
/editoramelhoramentos

Impresso na China